AF450203

FRASES DE JESÚS COMENTADAS

Padre John S. Mill

FRASES DE JESÚS COMENTADAS

50 frases de Jesucristo para reflexionar

EDITORIAL
LETRA MINÚSCULA

Primera edición: septiembre de 2021
ISBN: 978-84-19237-51-4
Copyright © 2021 Padre John S. Mill
Editado por Editorial Letra Minúscula
www.letraminuscula.com
contacto@letraminuscula.com

Índice

PREFACIO

La obra que vas a leer es un regalo perfecto para cualquier cristiano, una aproximación simple pero profunda al mensaje divino. Es un libro que puedes leer solo o en familia, en la intimidad de tu hogar o con un pequeño grupo.

Si deseas ser mejor persona, mejor padre o madre, mejor esposo o mujer, mejor hijo o amigo encontrarás en esta obra los fundamentos morales que te ayudarán a conseguirlo. Lee con calma cada página y, sobre todo, reflexiona sobre lo que has leído. Pregúntate cómo puedes aplicar las palabras de Jesús a tu vida, cómo puedes crecer como ser humano gracias a la ayuda del amor y de la fe verdadera.

El mensaje de Jesús es eterno porque trata de aspectos esenciales de la vida humana: el amor, la muerte, la amistad, la familia... He seleccionado para ti algunos de sus pensamientos más conocidos intentado abarcar muchos de los temas que pueden interesar a cualquier persona que desee conocer el mensaje cristiano.

Muchos son los falsos profetas y gurús que dicen querer ayudarnos a ser mejores personas. Pero solo hay un maestro verdadero: Jesús de Nazaret.

En las palabras y en las acciones del Hijo de Dios encontramos la sabiduría más profunda y auténtica. Un mensaje eterno que sigue inspirando a personas de todo el mundo a lo largo de los siglos.

La inmortalidad del mensaje cristiano se basa en los valores más importantes que puede tener cualquier persona: el amor y la fe. Dios nos ama tanto que envió a su Hijo para transmitirnos el valor del sacrificio, el triunfo final de la vida sobre la muerte gracias a la resurrección de Jesús.

Este es un libro escrito desde la fe y la humildad. He seleccionado algunas de las palabras más importante de Jesús para que todos aquellos que lo deseen puedan volver a vivir el mensaje cristiano. Los comentarios con los que acompaño a cada fragmento de la palabra divina son una humilde invitación a la reflexión. Es tanta la sabiduría que encontramos en las ideas de Jesús que podríamos escribir volúmenes sin fin de cada una de sus frases intentado comprender toda su profundidad.

No intentes leer este libro como si fuera una novela. No se trata de leerlo, sino de reflexionar sobre lo que contiene. Te recomiendo un pensamiento al día. Elige una hora especial para ti en la que estés en calma. Puede ser por la mañana muy temprano o en la soledad de la noche. El silencio te ayudará a conectar mejor con tu interior, con tu alma. Lee cada frase con detenimiento y piensa en ella. Pregúntate cómo puedes aplicarla a tu vida, cómo ser mejor persona, cómo ayudar a otros.

Muchos son los lectores que han sido inspirados por este libro. Quiero agradecer aquí sus muestras de apoyo y cariño. Este libro ha ayudado a que el mensaje de Cristo vuelva a estar presente en muchas vidas.

Padre John S. Mill

1. FRATERNIDAD

«Porque cualquiera que hace la voluntad de mi Padre que está en el cielo, ese es mi hermano, mi hermana y mi madre».

Mateo 12, 50

Una idea muy poderosa encontramos en esta cita: la fraternidad. Los que hacen el bien, los que se comportan de forma ética, los que siguen a Dios y las enseñanzas de su hijo Jesús no son extraños; aunque no los conozcamos, son nuestros hermanos. Pero también los que van por el camino del mal merecen nuestra compasión. Debemos ayudarlos para que encuentren a Jesús en sus vidas, para que comprendan que todos somos hijos de Dios.

2. AYUDAR A LOS DEMÁS

«El Hijo del hombre no vino para que le sirvan, sino para servir y para dar su vida en rescate por una multitud».

Mateo 20, 28

Jesús no vino a nuestro mundo para ser adorado, para vivir como un rey en un palacio rodeado de sirvientes. Vino para ser el más humilde servidor, para dar su propia vida por nosotros y vivir como el más simple de los hombres. Si deseas que los demás te amen, si quieres encontrar un camino de amor en tu vida, lo que debes hacer es ayudarlos. Olvida tu propio egoísmo y piensa en cómo puedes apoyar a los otros. Una vida de servicio es uno de los mejores caminos para acercarse a Dios.

3. EL CAMINO, LA VERDAD Y LA VIDA

«Jesús le dijo: "Yo soy el camino, y la verdad, y la vida; nadie viene al Padre, sino por mí"».

Juan 14, 6

Tres cosas es el Hijo de Dios. La primera es el *camino*. Hay muchos que dicen tener las respuestas, falsos profetas y líderes malvados que desean hacerse pasar por buenos. Pero solo hay un líder, un verdadero maestro: Jesús. La segunda es la *verdad*. Solo hay una verdad, que es la de Dios y la de su Hijo. La tercera es la *vida*. Dios nos dio la vida y nuestra vida debe consistir en seguir la palabra de Dios. Para llegar a Él solo hay un camino, una verdad: Jesús.

4. SER COMO UN NIÑO

«Dejen que los niños vengan a mí, y no se lo impidan, porque el reino de los cielos es de quienes son como ellos».

Mateo 19, 14

¿Qué significa ser como un niño? Significa tener ilusión por las cosas, inocencia, no querer hacer daño a los demás. Los niños representan lo mejor de la humanidad. Desean aprender, tienen una curiosidad innata por lo que existe. Se asombran ante las cosas, son creativos, tienen empatía con las otras personas; les preocupa lo que los demás sienten. Viven en el presente y no están obsesionados por la riqueza o la fama. Por eso Jesús dice que el reino de los cielos es de los niños. Aunque seas un adulto nunca pierdas la mirada ni la ilusión del niño.

5. AMOR ES SACRIFICIO

«Porque Dios amó tanto al mundo que dio a su Hijo unigénito, para que todo el que cree en él no perezca, sino que tenga vida eterna. Dios envió a su Hijo al mundo, no para juzgar al mundo, sino para salvar al mundo por medio de él».

Juan 3, 16-17

El amor es ayudar a los demás. Dios envía a Jesús a nuestro mundo no para castigarlos ni para que le obedezcamos. Lo manda para mostrarnos el camino del amor, del sacrificio. Muchas veces tenemos que sacrificarnos por aquellos que amamos. Realizamos cosas que no deseamos hacer por nuestros seres queridos, para hacerlos felices. Jesús dio su vida como un gesto de amor con la humanidad. Dios nos regaló a su hijo para enseñarnos el camino verdadero hacia la felicidad. Amar es sacrificarse por los que queremos, es dar sin esperar nada a cambio.

6. AMA A TUS ENEMIGOS

«¡Ama a tus enemigos! ¡Reza por aquellos que te persiguen! De esa manera, actuarás como verdadero hijo de tu Padre en el Cielo. Porque él da su luz del sol tanto a los malos como a los buenos, y él envía lluvia sobre los justos y los injustos por igual».

Mateo 5, 43-47

El odio solo genera más odio, el amor genera amor. Si respondes al odio con amor serás capaz de vencer el mal. Muchos que odiaron dejaron de hacerlo cuando respondieron con amor al odio, con buenas palabras contestaron malas palabras. No te dejes llevar por la espiral de odio. El mensaje de Jesús es para todos los seres humanos, para los buenos y para los malos. Los que aman a Dios deben dejar de lado el odio y ayudar con el amor a que el reino de Jesús triunfe en la tierra.

7. EL QUE BUSCA, ENCUENTRA

Yo os digo: «Pedid y se os dará; buscad y hallaréis; llamad y se os abrirá. Porque todo el que pide, recibe; el que busca, halla; y al que llama, se le abrirá.»

Lucas 11:9-10

No te rindas nunca. Si buscas a Jesús, lo encontrarás. Si quieres superar la tristeza, la desesperanza y el odio, el amor de Dios te ayudará a encontrar el camino. No te canses nunca de hacer el bien, ni de ir en pos de la verdad. Puede que en malos momentos desees dejar de buscar a Jesús, que quieras abandonar el camino de la fe. No te rindas, no dejes nunca de tocar a la puerta de Dios. La casa de Dios siempre está abierta para todos los que sigan las enseñanzas de su Hijo.

8. PARA LIDERAR DEBES SERVIR

«Quien quiera ser un líder entre ustedes debe ser su servidor, y quien quiera ser el primero entre ustedes debe ser el esclavo de todos los demás. Porque el Hijo del hombre no vino para ser servido, sino para servir a los demás y para dar su vida en rescate por muchos».

Marcos 10, 42-45

El liderazgo se consigue aportando valor a los demás. Cuando ayudamos a que el mundo sea un lugar mejor, cuando mejoramos la vida de las personas, entonces los demás nos seguirán. Y lo harán no por nosotros, sino por ellos mismos. Liderar es servir, es ayudar. No es mandar y que los otros obedezcan. Es seguir el camino de Jesús: un sendero de sacrificio y servicio hacia los más necesitados.

9. HACER EL BIEN

«Deja que tu luz brille ante los hombres, para que vean tus buenas obras y glorifiquen a tu Padre que está en los cielos».

Mateo 5, 16

Más importante que las palabras son las acciones. No sirve decir «soy bueno» cuando nuestras acciones contradicen lo que sale por nuestra boca. El árbol por sus frutos se conoce. A las personas se las conoce más por lo que hacen que por lo que dicen. Lo que dará una luz de felicidad será la luz de la bondad: hacer el bien. Y cuando hagas el bien Dios brillará contigo y estará a tu lado. Seguir a Jesús y ayudar a los que sufren es el mejor camino para alabar al Padre celestial.

10. EL BUEN PASTOR

«El ladrón no viene sino para hurtar, matar y destruir; yo he venido para que tengan vida, y para que la tengan en abundancia. Yo soy el buen pastor: el buen pastor da su vida por las ovejas».

Juan 10, 10-11

Jesús nos trajo tres cosas que nunca debemos olvidar: vida, abundancia y ejemplo con su sacrificio. Dios nos dio la vida y Jesús nos enseña su palabra. En la enseñanza de su Hijo todo es abundancia, porque el que le sigue tiene lo más importante: amor por los demás, por Dios y por sí mismo. Jesús nos guía en la vida buena. Los ladrones, los malvados que no siguen sus palabras, los que se han apartado del camino de Dios nos dan muerte, escasez y odio. Si deseas seguir al único pastor verdadero solo debes escuchar las palabras de Jesús.

11. TENER PAZ

«Te he dicho estas cosas, para que en mí puedas tener paz. En este mundo tendrás problemas. ¡Pero anímate! Yo he vencido al mundo».

Juan 16, 33

En la vida de los seres humanos hay conflicto, tristeza y muerte. Muchas cosas nos apartan de la felicidad. Muchos falsos ídolos nos prometen cosas que no pueden cumplir. Porque solo Jesús nos puede dar la paz, la felicidad verdadera. Cuando sigues el camino de Dios, la verdadera paz alegra tu corazón, te llena de felicidad verdadera. Jesús venció al mal en el mundo con su resurrección y nos mostró el camino de la salvación eterna.

12. AMAR A DIOS

«"Debes amar al Señor tu Dios con todo tu corazón, con toda tu alma y con toda tu mente". Este es el primer y más grande mandamiento. Un segundo es igualmente importante: "Ama a tu prójimo como a ti mismo". Toda la ley y todas las demandas de los profetas se basan en estos dos mandamientos».

Mateo 22, 36-40

La palabra de Dios, las enseñanzas de Jesús y la vida de todo cristiano se basan en una cosa: el amor. Primero el amor incondicional a Dios, padre y creador de todas las cosas. Segundo: el amor a los demás, que son hijos del mismo Dios y, por lo tanto, tus hermanos. Ese amor al Padre debe ser franco, sin dudas de ninguna clase. Debe basarse en una fe firme, en un amor sincero. Todas las demás leyes de las mujeres y hombres santos de todos los tiempos se fundamentan en estos dos principios.

13. CÉNTRATE EN EL PRESENTE

«No te preocupes por el mañana, porque mañana traerá sus propias preocupaciones. El problema de hoy es suficiente para hoy».

Mateo 6, 34

Jesús nos dice en esta frase: «Preocúpate por el hoy, no sufras por el mañana». Muchos sufrimos por lo que ha de venir, por enfermedades o problemas que no tenemos. Algunos viven angustiados pensando en una muerte que quizás tarde años en venir. No disfrutan ni se concentran en el presente porque su mente está preocupada por un futuro que quizás nunca llegue. El Hijo de Dios nos invita a centrarnos en el hoy y a no sufrir por el mañana. Si deseas poder vivir el presente con toda su intensidad y belleza debes estar centrado en lo que es, no en lo que podría ser.

14. CARGA TU CRUZ

«Si alguno quiere ser discípulo mío, olvídese de sí mismo, cargue con su cruz y sígame. Porque el que quiera salvar su vida, la perderá; pero el que pierda la vida por causa mía y por aceptar el evangelio, la salvará».

Marcos 8, 34-35

Para poder seguir el camino de Jesús, el camino de la vida, del amor y de la salvación eterna, tienes que superar tu propio egoísmo. Dejar de lado tus preocupaciones, tu tristeza y tu alegría y centrarte en servir a los demás. Entonces, al adoptar el camino de Jesús, encontrarás la vida verdadera, la vida de la salvación.

15. EL AGUA DE LA VIDA

«Cualquiera que bebiere de esta agua, volverá a tener sed; mas el que bebiere del agua que yo le daré, no tendrá sed jamás; pero el agua que yo le daré será en él una fuente de agua que saltará a la vida eterna».

Juan 4, 13-14

Dios, a través de la palabra de Jesús, nos libera de la tiranía del tiempo y nos abre camino a la eternidad. Esta es su promesa y es también la esperanza, cuyos signos solo descubrimos anticipadamente en el encuentro amoroso y profundo con los demás, en la experiencia del agua de la vida y el amor.

16. EL CUIDADO DE DIOS POR LOS HOMBRES

«¿Qué piensas? Si un hombre posee cien ovejas, y una de ellas se aleja, ¿no dejará las noventa y nueve en las colinas e irá a buscar a la que se fue? Y si lo encuentra, realmente te digo, él está más feliz con esa oveja que con las noventa y nueve que no se vagaron. De la misma manera, tu Padre que está en los cielos no está dispuesto a que ninguno de estos pequeños perezca».

Mateo 18, 12-14

El amor de Dios está dirigido a todos los hombres. Esto significa que ama tanto a cada persona en particular como al ser humano en general, es decir, te ama a ti y a los demás. El ejercicio de este amor lo lleva a preocuparse no solo por quienes permanecen junto a él, sino también por aquellos que se alejan circunstancialmente. De ahí que, en lugar de abandonar a su destino a los que se extravían, halle la forma de traerlos de nuevo a su redil. Por eso, aunque a veces sientas que te has alejado de Dios, no olvides que siempre te buscará y esperará con sus brazos abiertos: el hecho de que te reencuentres con él es motivo de su mayor alegría.

17. UN MUNDO GUIADO POR LA PALABRA DE JESÚS

«"Haz a los demás lo que quieras que te hagan a ti". Esta es la esencia de todo lo que se enseña en la ley y en los profetas».

Mateo 7, 12

Cada persona desea lo mejor para sí misma y espera que los demás la traten de manera benévola. Este principio de amor propio es fundamental en nuestra existencia, pues mal puede ser amoroso aquel que no se valora ni cuida de sí mismo. Sin embargo, tal amor es insuficiente. Dado que existimos en relación con los otros, la única manera de que nuestra vida se desarrolle en armonía pasa por revertir nuestro amor en ellos. Por eso, si te desprendes del egoísmo y tratas a los demás como esperas que te traten, estarás contribuyendo a la edificación de un mundo regido por el amor, es decir, un mundo guiado por la palabra de Jesús.

18. PERSECUCIÓN Y RECOMPENSA

«Bienaventurado eres cuando la gente te insulta, te persigue y dice falsamente todo tipo de mal contra ti por mi culpa. Alégrate y alégrate, porque grande es tu recompensa en el cielo, porque de la misma manera persiguieron a los profetas que fueron antes de ti».

Mateo 5, 11-12

En retribución del amor de Dios por nosotros, debemos demostrar la fidelidad a su palabra. Como sucedió con los profetas, esta fidelidad implica optar por la reafirmación   y defensa de la verdad que Dios nos expresa. Aunque esto puede conllevar grandes sacrificios, sin embargo, debe ser motivo de alegría, pues siempre hay que tener en cuenta la bienaventuranza contenida en su promesa de vida eterna.

19. LA ATENCIÓN A LOS PECADORES

«Los que están buenos y sanos no necesitan un médico; sino los enfermos. No vine a llamar a los justos, sino a los pecadores al arrepentimiento».

Lucas 5, 31-32

Si se tratara de convocar únicamente a los justos, la tarea de Dios sería sencilla, pues se limitaría a reunir a quienes por su santidad en cierto modo ya han respondido al llamado de Jesús y están dispuestos a seguirlo. Pero el amor de Dios es universal, lo que significa que está dirigido a todos los hombres. Por ello, su preocupación se centra en que quienes se han alejado regresen a Él, pues son ellos los que necesitan de inmediato la atención y redención divinas. Así, cuando te sientas mal por algún comportamiento, no olvides que Jesús está siempre dispuesto a perdonarte si te arrepientes.

20. DISPOSICIÓN AL SERVICIO

«Porque el Hijo del hombre no vino para ser servido, sino para servir, y para dar su vida en rescate por muchos».

Marcos 10, 45

Contra lo que cabría esperarse, Jesús no se presenta ante nosotros con la actitud habitual de los poderosos de la tierra. En lugar de convertir a los hombres en objetos de su dominio para su beneficio, Él, aun siendo todopoderoso, se pone a servicio nuestro. Tal disposición alcanza una dimensión suprema, pues llega al punto de ofrendar su vida por la redención de todos los hombres.

Es necesario que esta actitud de Jesús esté presente en tu vida y que el servicio a los demás sea la guía fundamental de las diversas actividades que desarrolles.

21. NO AVERGONZARSE DE JESÚS

«¿Qué te beneficias si ganas todo el mundo, pero pierdes tu propia alma? ¿Hay algo que valga más que tu alma? Si alguien se avergüenza de mí y de mi mensaje en estos días adúlteros y pecaminosos, el Hijo del Hombre se avergonzará de esa persona cuando regrese en la gloria de su Padre con los santos ángeles».

Marcos 8, 36-38

El deseo insaciable de poder que mueve a quienes controlan y, a la vez, son controlados por los poderes del mundo se traduce en la pérdida de lo que es más valioso: el alma. Perder el alma significa distanciarse de Dios hasta el punto de avergonzarse de él y, en consecuencia, de caer en el dominio del pecado.

Haz que en tu relación contigo mismo y con los demás tu conducta esté guiada por la pureza del amor cristiano para que no pierdas tu alma y para que jamás te avergüences de Jesús.

22. LA VIOLENCIA Y EL REINO DE DIOS

«Mi Reino no es de este mundo. Si mi Reino fuese de este mundo, mi gente habría combatido para que no fuese entregado a los judíos: pero mi Reino no es de aquí».

Juan 18, 36

El reino de Dios tiene una naturaleza especial, cuya lógica es diferente a la de los reinos de la tierra. Por eso la actitud de los seguidores de Jesús difiere de la que cabría esperarse en seres humanos. En lugar de apelar a la violencia se resisten a ella, lo cual supone un desplazamiento significativo respecto a lo que es habitual en las disputas de los hombres. Esta posición a contracorriente, implícitamente entrelazada con el principio de hacer a los otros lo que queramos que nos hagan, se asienta en la supremacía cristiana del amor al otro. Haz que tu relación con los demás esté siempre guiada por el espíritu de no violencia que ha de ser el sello distintivo del cristiano.

23. NO JUZGAR

«No juzguéis, para que no seáis juzgados. Porque con el juicio con que juzguéis seréis juzgados, y con la medida con que midáis se os medirá. ¿Cómo es que miras la brizna que hay en el ojo de tu hermano, y no reparas en la viga que hay en el tuyo? ¿O cómo vas a decir a tu hermano: "Deja que te saque la brizna del ojo", teniendo la viga en el tuyo? Hipócrita, saca primero la viga de tu ojo, y entonces podrás ver para sacar la brizna del ojo de tu hermano».

Mateo 7, 1-5

Todos los hombres somos pecadores, todos somos susceptibles de cometer los errores que nos distancian de Dios. Por esta razón, nadie puede atribuirse autoridad para someter a juicio a los demás. Antes bien, en vez de proclamar las faltas de los otros, debe examinar las suyas propias. Todo esto supone la presencia de la misericordia de Dios, que, siendo consciente de las debilidades humanas, está siempre abierto al perdón. Que este ejemplo se transforme en fundamento y guía de tu relación con los demás y contigo mismo.

24. ACUDIR A DIOS

«Pedid y se os dará; buscad y hallaréis; llamad y se os abrirá. Porque todo el que pide, recibe; el que busca, halla; y al que llama, se le abrirá. ¿O hay acaso alguno entre vosotros que al hijo que le pide pan le dé una piedra¿; ¿o si le pide un pez, le dé una culebra? Si, pues, vosotros, siendo malos, sabéis dar cosas buenas a vuestros hijos, ¡cuánto más vuestro Padre que está en los cielos dará cosas buenas a los que se las pidan!».

Mateo 7, 7-11

Como todos los hijos respecto a sus padres, el hombre no se encuentra solo ni desamparado en el mundo; siempre puede contar con la ayuda y el apoyo de Dios. Basta con que manifieste su disposición a entrar en contacto con él a través de la oración o de otras formas diversas de vincularse a lo divino. En esta apertura se pone de manifiesto el inmenso amor que Él tiene por nosotros. Por eso, acude a Dios cada vez que sientas que lo necesites. Si siendo nosotros seres imperfectos volcamos la atención en nuestros hijos, cuanto más Dios la volcará sobre nosotros, siendo Él el padre perfecto.

25. LA PROVIDENCIA

«No andéis preocupados por vuestra vida, qué comeréis, ni por vuestro cuerpo, con qué os vestiréis. ¿No vale más la vida que el alimento, y el cuerpo más que el vestido? Mirad las aves del cielo: no siembran, ni cosechan, ni recogen en graneros; y vuestro Padre celestial las alimenta. ¿No valéis vosotros más que ellas?».

Mateo 6, 25-31

Con frecuencia las preocupaciones por los requerimientos de la vida ordinaria nos sobrepasan. Quisiéramos desplegar un control de nuestra vida para que los hechos se desarrollen de acuerdo con nuestra voluntad y se encaminen según nuestras previsiones. Esta atención en sí misma es necesaria, pues de ella depende la continuidad de nuestra existencia. Sin embargo, cuando se transforma en celo excesivo puede llevarnos a olvidar que todo lo que forma parte de la realidad, incluidos los elementos con los que nos alimentamos y vestimos, proviene de Dios y nos ha sido donado por él. De ahí que hacer que la vida gire alrededor de tales cuestiones nos puede conducir a perder de vista lo esencial: la poesía de la existencia revestida por lo divino.

26. LA COMUNICACIÓN CON DIOS

«Os aseguro también que, si dos de vosotros se ponen de acuerdo en la tierra para pedir algo, sea lo que fuere, lo conseguirán de mi Padre que está en los cielos. Porque donde están dos o tres reunidos en mi nombre, allí estoy yo en medio de ellos».

Mateo 18, 19-20

Aunque la relación con Dios, en principio, es personal. No es esta la única forma en que puede producirse. Por encima de la vinculación individual está la experiencia que nos une con la presencia de lo divino. Se trata de una experiencia con una doble dirección: por una parte, la que nos vincula como miembros de una misma fe y, por otra, aquella en la que nos unimos a Dios conformando una totalidad. Intenta siempre compaginar las distintas formas de comunicación con Dios para que tu experiencia espiritual sea de plenitud.

27. EL PRINCIPIO DE LA FE

«Tomás, uno de los Doce, llamado el Mellizo, no estaba con ellos cuando vino Jesús. Los otros discípulos le decían: "Hemos visto al Señor". Pero él les contestó: "Si no veo en sus manos la señal de los clavos y no meto mi dedo en el agujero de los clavos y no meto mi mano en su costado, no creeré". Ocho días después, estaban otra vez sus discípulos dentro y Tomás con ellos. Se presentó Jesús en medio estando las puertas cerradas, y dijo: "La paz con vosotros". Luego dice a Tomás: "Acerca aquí tu dedo y mira mis manos; trae tu mano y métela en mi costado, y no seas incrédulo sino creyente". Tomás le contestó: "Señor mío y Dios mío". Jesús le dice: "Porque me has visto has creído. Dichosos los que no han visto y han creído"».

Juan 20, 24-29

En ocasiones la duda puede rondar nuestras vidas y llevarnos a exigir *pruebas* en busca de una explicación *definitiva* de lo que conforma nuestra experiencia como cristianos. Con ello se olvida el sentido y la esencia misma de la fe. Tener fe significa aceptar la verdad de Jesús sin exigir otra prueba que la contenida en su palabra. Por ello, más que de ver para creer, se trata de creer para ver, es decir, para descubrir dichosamente la dimensión espiritual insondable consolidada por su promesa.

28. EL PAN DE LA VIDA

«Yo soy el pan de la vida. Vuestros padres comieron el maná en el desierto y murieron; este es el pan que baja del cielo, para que quien lo coma no muera. Yo soy el pan vivo, bajado del cielo. Si uno come de este pan, vivirá para siempre; y el pan que yo le voy a dar es mi carne por la vida del mundo».

Juan 6, 48-51

Jesús sacrifica su vida por la de los hombres. Este es un aspecto central en el proceso de salvación. Pero ese sacrificio adquiere su pleno sentido en la resurrección. Con este hecho queda claro que la muerte no es definitiva, que no tiene la última palabra, que Jesús, el pan de la vida, nos da la oportunidad de vivir para siempre. Ten presente en todo momento la promesa de Jesús y tu vida será colmada de gozo y esperanza.

29. LOS NIÑOS Y EL REINO DE LOS CIELOS

«Yo os aseguro: si no cambiáis y os hacéis como los niños, no entraréis en el Reino de los Cielos. Así pues, quien se haga pequeño como este niño, ese es el mayor en el Reino de los Cielos. Y el que reciba a un niño como este en mi nombre, a mí me recibe. Pero al que escandalice a uno de estos pequeños que creen en mí, más le vale que le cuelguen al cuello una de esas piedras de molino que mueven los asnos, y le hundan en lo profundo del mar».

Mateo 18, 3-6

La promesa de salvación que nos hace Jesús exige una transformación profunda. Es necesario convertirse en niño, lo que viene a ser recobrar la profunda espiritualidad que caracteriza a la experiencia infantil. Los niños ocupan un lugar privilegiado en la palabra de Jesús, pues ellos manifiestan la inocencia primigenia requerida para entrar en el Reino de los cielos. Por esto, son objeto de una protección especial por parte de Dios y también deben serlo por parte de los hombres.

30. SEGUIR A JESÚS

«Bordeando el mar de Galilea, vio a Simón y Andrés, el hermano de Simón, largando las redes en el mar, pues eran pescadores. Jesús les dijo: "Venid conmigo, y os haré llegar a ser pescadores de hombres". Al instante, dejando las redes, le siguieron».

Mateo 4, 18-20

La voluntad de Dios se manifiesta en el mundo de maneras misteriosas. Simón y Andrés, quienes probablemente habrán creído que el destino de sus vidas ya estaba trazado en su oficio de pescadores, atienden de inmediato la llamada de Jesús, sin plantear siquiera una pregunta. Basta con que este les hable para que sencillamente se transformen en pescadores de hombres e inicien una andadura que los sacará de su existencia sosegada en Galilea y los lanzará por el mundo. Esto revela que en la vida no hay nada definitivo y siempre es posible que Dios se acerque a nosotros y nos invite a entrar a su servicio. Por eso hay que permanecer con una actitud abierta.

31. LA NOVEDAD DE JESÚS

«Nadie echa vino nuevo en odres viejos; de otro modo, el vino los reventaría y se echaría a perder tanto el vino como los odres, sino que el vino nuevo se echa en odres nuevos».

Marcos 2, 22

Jesús ofreció al mundo una verdad nueva, en parte, porque significaba algo muy distinto respecto a la tradición judía (los odres viejos), y en parte también, porque estaba abierta a congregar a su alrededor a los hombres de otras culturas y tradiciones. Esto forma parte de la promesa de salvación de la humanidad entera. Por ello, a pesar del tiempo transcurrido desde la venida de Jesús, en su palabra sigue resonando ese sentido de novedad con que se acerca todos nosotros, los seres humanos, para convocarnos a su mesa.

Estemos abiertos para recibir la palabra siempre renovada de Jesús.

32. EL FORMALISMO RELIGIOSO

«El sábado ha sido instituido para el hombre y no el hombre para el sábado. De suerte que el Hijo del hombre también es señor del sábado».

Marcos 2, 27-28

Las formas institucionales tienen como misión apoyar a que el encuentro de los hombres con Dios se desarrolle con la ayuda necesaria y en los términos apropiados. No obstante, no debe olvidarse que «El hijo del hombre es también señor del sábado», es decir, que las normas deben estar impregnadas por el amor con que Jesús se acerca a nosotros. Qué tus palabras y tus actos irradien en quienes te rodean ese amor que a la vez es alegría y comprensión supremas.

33. EL ENCUENTRO CON LA FE

«¿Con qué compararemos el Reino de Dios o con qué parábola lo expondremos? Es como un grano de mostaza que, cuando se siembra en la tierra, es más pequeña que cualquier semilla que se siembra en la tierra; pero una vez sembrada, crece y se hace mayor que todas las hortalizas y echa ramas tan grandes que las aves del cielo anidan a su sombra».

Marcos 4, 30-32

Aunque es un hecho trascendental, el encuentro de la fe no se produce de un momento a otro. No todos se convierten en creyentes en un instante y la fe no llega como un objeto embalado en una caja con unas instrucciones precisas de su funcionamiento. El acceso a la fe es sutil y misterioso. Supone un sembrador y una semilla tan simple como el grano de mostaza. Supone también nuestra presencia como tierra de acogida. Entonces, lo que era diminuto y humilde se transfigura en planta hermosa y deslumbrante.

Que tu apertura hacia el encuentro con la fe te permita ser un día una planta en cuyas ramas aniden las aves del cielo.

34. PERDONAR AL PRÓJIMO

«Si tu hermano peca, repréndelo, y si se arrepiente, perdónalo. Y si peca contra ti siete veces al día y otras tantas veces se acerca a ti diciendo: "Me arrepiento", perdónalo».

Lucas 17, 3-4

Dios está dispuesto a perdonarnos por nuestra reincidencia en el pecado. No importa las veces que caigamos en él. Más allá del pecado, nuestra relación con Dios está marcada por el perdón, porque en éste está contenido el amor que Dios siente por nosotros. De la misma manera debemos hacer con nuestro hermano: con independencia de las ocasiones en que reincida, debemos perdonarlo, porque habiendo recibido el perdón de Dios por nuestros pecados, mal podemos negarlo a quien es nuestro prójimo.

35. EL AFÁN HUMANO Y LA PROVIDENCIA

«No andéis, pues, preocupados diciendo: "¿Qué vamos a comer?, ¿qué vamos a beber?, ¿con qué vamos a vestirnos?". Que por todas esas cosas se afanan los gentiles; pues ya sabe vuestro Padre celestial que tenéis necesidad de todo eso. Buscad primero su Reino y su justicia, y todas esas cosas se os darán por añadidura. Así que no os preocupéis del mañana: el mañana se preocupará de sí mismo».

Mateo 6, 31-34

Jesús enseña que lo relevante para el cristiano es contribuir a la creación del Reino de Dios. Lo demás, todo aquello que está ligado a nuestra existencia material, tiene un valor secundario. Esto no significa que no sea imprescindible para nuestra existencia: necesitamos comer, dormir, disponer de un lugar donde cobijarse dignamente. No obstante, Dios, conociendo nuestras necesidades, vela por que ellas sean resueltas, de modo que no debemos permitir que nos distraigan de lo que es fundamental: la preparación para el encuentro definitivo con él.

36. LA FE Y EL PODER DE JESÚS

«En esto, un leproso se acercó y se postró ante él, diciendo: "Señor, si quieres puedes limpiarme". El extendió la mano, le tocó y dijo: "Quiero, queda limpio". Y al instante quedó limpio de su lepra».

Mateo 8, 2-3

Los múltiples relatos del Evangelio que recogen los hechos milagrosos de Jesús responden a la lógica que rige el encuentro de la fe con la misericordia y el poder divinos. Hombres y mujeres se acercan a él con la esperanza de que resuelva situaciones cuya solución parece imposible para el sentido común de los humanos. Jesús los recibe y, tras oír sus peticiones, les concede aquello que solicitan a través del poder de su palabra.

Que no olvidemos nunca que Jesús es expresión del amor y está siempre dispuesto a socorrernos en nuestras necesidades.

37. PECADO, CASTIGO Y SEGUNDO MANDAMIENTO

«Los escribas y fariseos le llevan una mujer sorprendida en adulterio, la ponen en medio y le dicen: "Maestro, esta mujer ha sido sorprendida en flagrante adulterio. Moisés nos mandó en la Ley apedrear a estas mujeres. ¿Tú qué dices?". Esto lo decían para tentarle, para tener de qué acusarle. Pero Jesús, inclinándose, se puso a escribir con el dedo en la tierra. Pero, como ellos insistían en preguntarle, se incorporó y les dijo: "Aquel de vosotros que esté sin pecado, que le arroje la primera piedra". E inclinándose de nuevo, escribía en la tierra. Ellos, al oír estas palabras, se iban retirando uno tras otro, comenzando por los más viejos; y se quedó solo Jesús con la mujer, que seguía en medio. Incorporándose Jesús le dijo: "Mujer, ¿dónde están? ¿Nadie te ha condenado?". Ella respondió: "Nadie, Señor". Jesús le dijo: "Tampoco yo te condeno. Vete, y en adelante no peques más"».

Juan 8, 3-11

Todos somos pecadores y nadie tiene derecho a juzgar y, mucho menos, a emplear la violencia sobre el otro debido a su pecado. Ante el inmenso amor de Dios por los seres humanos, el castigo es sustituido por la amable palabra de Jesús, quien invita a abandonar el pecado y a seguir la senda de la santidad, pero sin que ello signifique la violación del segundo mandamiento; por tanto, nunca olvides el valor de este principio: «amarás a tu prójimo como a ti mismo».

38. LA IGNORANCIA Y EL PECADO

«Llegados al lugar llamado Calvario, le crucificaron allí a él y a los malhechores, uno a la derecha y otro a la izquierda. Jesús decía: "Padre, perdónales, porque no saben lo que hacen". Se repartieron sus vestidos, echando a suertes».

Lucas 23, 33-34

Si bien el pecado proviene de la maldad, hay una condición que lo hace posible: la ignorancia. Se da lugar al mal simplemente por desconocer el bien. De ahí que Jesús, aun en medio de su enorme e injusto sufrimiento, en vez de castigar con dureza a quienes lo torturan, más bien intercede ante el Padre para que los perdone.

Pidamos a Dios la capacidad de reconocer el mal, para que jamás lleguemos a ser su instrumento.

39. COMPARTIR EL PAN Y EL VINO

«Cuando llegó la hora, se puso a la mesa con los apóstoles; y les dijo: "Con ansia he deseado comer esta Pascua con vosotros antes de padecer; porque os digo que ya no la comeré más hasta que halle su cumplimiento en el Reino de Dios". Y recibiendo una copa, dadas las gracias, dijo: "Tomad esto y repartidlo entre vosotros; porque os digo que, a partir de este momento, no beberé del producto de la vid hasta que llegue el Reino de Dios". Tomó luego pan, y, dadas las gracias, lo partió y se lo dio diciendo: "Este es mi cuerpo que es entregado por vosotros; haced esto en recuerdo mío". De igual modo, después de cenar, tomó la copa, diciendo: "Esta copa es la Nueva Alianza en mi sangre, que es derramada por vosotros"».

Lucas 22, 14-20

Jesús conoce la cercanía de su muerte y quiere reunirse con los discípulos para lo que será la última cena. En principio, esta acción parece suponer un final: no volverá a comer ni a beber y en gran medida algunos de sus gestos están destinados a fijarse en la memoria de ellos. Pero este final es aparente o, mejor, no es más que un momento de transición entre el mundo actual y el Reino de Dios, entre lo que está marcado por la caducidad y el sufrimiento y la vida definitiva y verdadera que con su Nueva Alianza Jesús nos promete.

Tengamos siempre presente que el poder del amor vence a la muerte y regocijémonos al saber que llegará el día en que todos nos reunamos y compartamos nuestro vino y nuestro pan con Dios y con todos los hombres.

40. VOLUNTAD DE DIOS Y SU OBRA

«Entretanto, los discípulos le insistían diciendo: "Rabbí, come". Pero él les dijo: "Yo tengo para comer un alimento que vosotros no sabéis". Los discípulos se decían unos a otros: "¿Le habrá traído alguien de comer?" Les dice Jesús: "Mi alimento es hacer la voluntad del que me ha enviado y llevar a cabo su obra"».

Juan 4, 31-34

Como en otros pasajes, Jesús, se fundamenta en una analogía para revelar su misión. Lo que lo sustenta no es el alimento habitual dirigido al mantenimiento y desarrollo de los procesos corporales, sino algo espiritualmente más profundo: hacer realidad la voluntad de Dios Padre y culminar su obra. Esta indicación apunta a la definición de un sentido cristiano del trabajo, caracterizado por la reciprocidad. Quien trabaja por la construcción del Reino de Dios no se sacrifica a sí mismo, no es sometido a un desgaste destructivo; sino encuentra en el trabajo su plena realización. Así, como Jesús, se alimenta de aquello que hace en función de dar realidad a la voluntad de Dios.

Participa de la construcción del Reino Divino y experimentarás lo que te colmará de realidad eterna.

41. GUARDARSE DE LA CODICIA

«"Mirad y guardaos de toda codicia, porque, aun en la abundancia, la vida de uno no está asegurada por sus bienes". Les dijo una parábola: "Los campos de cierto hombre rico dieron mucho fruto; y pensaba entre sí, diciendo: '¿Qué haré, pues no tengo donde reunir mi cosecha?' Y dijo: 'Voy a hacer esto: Voy a demoler mis graneros, y edificaré otros más grandes y reuniré allí todo mi trigo y mis bienes, y diré a mi alma: 'Alma, tienes muchos bienes en reserva para muchos años. Descansa, come, bebe, banquetea'. Pero Dios le dijo: '¡Necio! Esta misma noche te reclamarán el alma; las cosas que preparaste, ¿para quién serán?'. Así es el que atesora riquezas para sí, y no se enriquece en orden a Dios».

Lucas 12, 15-21

Es necesario darles el valor justo a las riquezas, pues tienen la capacidad de generar una especie de delirio y hacer que perdamos la perspectiva correcta de la vida. ¿Qué sentido tiene la acumulación cuando se convierte en un bien en sí misma? El personaje de la parábola cree haber alcanzado un punto en que puede prescindir del trabajo y, desprendiéndose de toda preocupación, quiere dedicarse a disfrutar de la vida. Sin embargo, las riquezas son frágiles y están condenadas a la destrucción. Por eso Jesús propone enriquecerse en la dimensión de lo que es inmutable y verdadero, es decir, siguiendo una vida cristiana.

42. PERSECUCIONES Y VIDA ETERNA

«Bienaventurados los perseguidos por causa de la justicia, porque de ellos es el Reino de los Cielos. Bienaventurados seréis cuando os injurien, y os persigan y digan con mentira toda clase de mal contra vosotros por mi causa. Alegraos y regocijaos, porque vuestra recompensa será grande en los cielos; pues de la misma manera persiguieron a los profetas anteriores a vosotros».

Mateo 5, 10-12

Asumir la condición de cristiano significa asumir y defender la verdad y la justicia, lo que con frecuencia comporta muchos riesgos. Desde la crucifixión de Jesús en el Calvario hasta nuestros días son muchos los que han sido perseguidos, injuriados, calumniados, etc. por el simple hecho de ser sus seguidores. Sin embargo, nunca debemos olvidar que Jesús está siempre junto a nosotros para afrontar las circunstancias. Por eso, no hay que tener miedo. El amor de Jesús vence al odio y nos ofrece su promesa de bienaventuranza eterna.

43. CARIDAD

«Cuando des limosna, que tu mano izquierda ignore lo que hace la derecha, para que tu limosna quede en secreto; y tu Padre, que ve en lo secreto, te recompensará».

Mateo 6, 3

El verdadero sentido de la solidaridad que sustenta el cristianismo nos ha de llevar a prestar nuestro apoyo y ayuda a quienes lo necesiten, con frecuencia tan desposeídos como Cristo en el Calvario. No obstante, esta acción no debe convertirse en oportunidad para el alarde y la ostentación. No son los demás seres humanos los que han de juzgar nuestros actos, sino Dios Padre, el juez perfecto que espera lo mejor de nosotros.

44. EL CONSUELO DE JESÚS

«Vengan a mí, todos los que se afanan y están cargados, y yo los refrescaré».

Mateo 11, 28

En ciertas ocasiones las vicisitudes de la vida parecen agobiarnos, los problemas surgen de forma simultánea y nos sentimos rebasados. En esos momentos no debemos olvidar que Jesús nos invita a acudir a él en busca de apoyo y consuelo cada vez que lo necesitemos. Por eso, cuando la tristeza, la soledad y la desesperación se congreguen en tu alma, nunca olvides que Jesús te ama y te espera para ayudarte.

45. ESPÍRITU DE PAZ

«Habéis oído que se dijo: Ojo por ojo y diente por diente. Pues yo os digo: no resistáis al mal; antes bien, al que te abofetee en la mejilla derecha ofrécele también la otra: al que quiera pleitear contigo para quitarte la túnica déjale también el manto; y al que te obligue a andar una milla vete con él dos».

Mateo 5, 38-41

No resistir al mal, no oponer a la violencia los mismos argumentos de la violencia desatando así la cadena de la agresión y el sufrimiento; es este uno de los rasgos más significativos que distinguen al espíritu cristiano respecto a la antigua ley judía. En lugar de apelar a la violencia debemos responder con el amor. De este modo si, en determinadas circunstancias, no sabemos qué hacer frente a quienes nos agreden, no olvidemos que como cristianos estamos comprometidos a seguir el camino de Jesús, *que es el camino de la paz entre los hombres.*

46. EL REINO DE LOS CIELOS ESTÁ DENTRO DE VOSOTROS

«Habiéndole preguntado los fariseos cuándo llegaría el Reino de Dios, les respondió: "El Reino de Dios viene sin dejarse sentir. Y no dirán: 'Vedlo aquí o allá', porque el Reino de Dios ya está entre vosotros"».

Lucas 17, 20-21

El Reino de Dios no se asimila a los reinos de los hombres y, en sentido estricto, no se limita a un lugar o momento específicos dentro del espacio y el tiempo. Su condición espiritual no corresponde a estas coordenadas; remite más bien a una dimensión que involucra a quienes viven la experiencia cristiana en toda su profundidad. Por esta razón, se puede adelantar a la muerte, dependiendo de la forma en que vivamos el cristianismo en nuestra relación con el prójimo. En tal sentido, vivir desde ahora la presencia del Reino de Dios dentro de nosotros supone degustar anticipadamente lo que Dios nos tiene reservado para la vida eterna.

47. GOZO FRATERNO DE LA VIDA

«¿Pueden acaso ayunar los invitados a la boda mientras el novio está con ellos? Mientras tengan consigo al novio no pueden ayunar. Días vendrán en que les será arrebatado el novio; entonces ayunarán, en aquel día».

Juan 2, 19-20

Es necesario darle el valor preciso a la vida. Aunque sea transitoria y simplemente nos conduzca a la existencia definitiva y verdadera, el encuentro con los demás ha de ser un motivo de regocijo por la presencia de Jesús entre nosotros. Da gracias a Dios por permitirte compartir con quienes te rodean tu andadura en el mundo, y sé siempre fuente de la sana alegría que atestigua la presencia del espíritu cada vez que nos reunimos con el prójimo.

48. CUMPLIMIENTO DE LA VOLUNTAD DE DIOS

«Estos son mi madre y mis hermanos. Quien cumpla la voluntad de Dios, ese es mi hermano, mi hermana y mi madre».

Marcos 3, 34-35

Jesús resalta los vínculos ligados a la familia. Prueba de ello son diversas referencias al asunto en varios pasajes de los *Evangelios*. No obstante, postula que, por encima de las relaciones circunscritas a formas particulares de vinculación social, está el tejido que une a los creyentes. La base de ese tejido no es otra que el cumplimiento de la voluntad de Dios, que establece una fraternidad fundada en la acción de la fe. Ten presente siempre y en toda circunstancia esa dimensión que nos hermana globalmente como hijos de Dios, y procura que tu hacer responda en todo momento a la realización de la voluntad divina.

49. CONFIANZA EN DIOS

«¿Por qué estáis con tanto miedo? ¿Cómo no tenéis fe?».

Marco 4, 40

Mientras Jesús duerme se levanta una borrasca que está a punto de hacer zozobrar la barca en que viajaba. Quienes lo acompañan lo despiertan y le reclaman que impida que la barca se hunda. Entonces Jesús se levanta, ordena que el mar se calme y sobreviene la bonanza. Enseguida pronuncia las palabras citadas.

El miedo es en cierto modo un enemigo de los seres humanos, pues puede llegar a paralizarnos y a impedirnos obrar. El miedo supone, además, una afrenta a Dios. En vez de entregarnos a su protección pareciera que dudáramos de su omnipotencia. Por eso, en lugar de dejarte llevar por el miedo, entrégate confiadamente al poder de Dios y a su amor por nosotros. Él es tu mejor apoyo.

50. LA VERDAD OS HARÁ LIBRES

«Si vosotros permaneciereis en mi palabra, seréis verdaderamente mis discípulos; y conoceréis la verdad, y la verdad os hará libres».

Juan 8, 31-32

Como lo revela la escena del Calvario, la raíz de la maldad está en la ignorancia. El ser humano peca por no tener clara consciencia de las consecuencias de sus actos. Esta condición se transforma al convertirse en discípulo de Jesús, pues este evento le permite entrar en contacto con su verdad, y adquirir una consciencia más profunda del pecado. De ahí el carácter liberador de la palabra de Jesús: a través de ella el ser humano tiene la oportunidad de salir de las tinieblas que lo envuelven y acercarse cada vez más a Dios. Permanece abierto a la luz espiritual que Dios nos concede para que experimentes la belleza de la auténtica libertad.

NUNCA OLVIDES ESTO

Cuando todos te abandonen, Jesús estará contigo.

Cuando no sepas qué hacer, sigue el camino de Jesús.

Cuando estés triste, solo y desesperado, recuerda que Jesús
te ama.

Cuando dudes, sigue la palabra de Jesús.

Cuando te ofendan mantén la calma y responde con amor y
comprensión.

Ayuda a los que sufren, da pan al hambriento y agua el
sediento.

Cuando alguien querido muere, piensa que la muerte es
solo un tránsito, una puerta para reunirnos con las almas de
aquellos a los que amamos.

Que tus obras hablen más que tus palabras y que todo lo
que haces ayude a construir un mundo mejor.

Si Jesús camina a tu lado no debes tener miedo.

El amor siempre vence al odio, la alegría a la tristeza.

www.ingramcontent.com/pod-product-compliance
Lightning Source LLC
LaVergne TN
LVHW051508170726
843492LV00002B/853